Charles Conrardy
—
Salomé ou le Jugement de l'Avenir

Tragédie farce pour marionnettes
—

Ext. de la Renaissance d'Occident
Dec 192 — Ro 13.467

# Salomé ou le Jugement de l'Avenir

### Tragédie-farce pour marionnettes

#### PERSONNAGES :

*Hérode*, Tétrarque de Judée.

*Pilate*, Procurateur de Judée.

*Hérodiade*, femme d'Hérode, maîtresse de Pilate.

*Salomé*, fille d'Hérodiade.

*St-Jean*, prophète.

*Speaker*, homme moderne.

*Pique assiette*, convive du Tétrarque.

*Sèche verre*, idem.

*Le Fou*, Gardien, serviteurs, seigneurs, populaire.

***

*Le metteur en scène songera à l'Histoire. Tout très « couleur locale » mais avec exagération. Décors simples, mais somptueux. Costumes « idem ». Beaucoup de jeux de scènes à faire en suivant le texte de près. (Il était impossible d'indiquer tous les mouvements.) Hérode, long comme « un jour sans pain » ; Pilate, énorme, pustuleux ; Hérodiade, tour de Babel, sont de grotesques pantins. Salomé, radieuse de jeunesse. Jean, bel homme, mais fort sale. Le Speaker aura un habit noir, très chic.*

## PREMIER ÉPISODE.

*(Chambre donnant sur une terrasse.)*

HÉRODE. — C'est vous, Pilate, entrez donc, cher ami. Comment va ? Ah ! mon cher... je m'ennuie !

PILATE. — Quoi, la vie est bonne ! N'as-tu pas ce que tu veux ? Des esclaves, du vin, des femmes ?

HÉRODE. — Je suis blasé. Je veux autre chose. Je ne crois plus aux joies matérielles. Ah ! Pilate, qui me fera rire, qui inventera une volupté nouvelle ?

PILATE. — Hérodiade ne te suffit plus ?

HÉRODE. — Pilate, comme tu es romain ! Tu ne comprendras jamais mon âme compliquée...

PILATE. — C'est vrai: je ne te comprends pas ! Tu es un grand incompris. Ton peuple même ne te comprend pas, et ne comprend pas tes folies. On me comprend à Rome, moi.

HÉRODE. — Ne me vante pas ton pays. Je ne t'envie pas et je ne veux pas voir Rome. Je veux aimer, je veux vivre.

PILATE. — Crois-tu que je ne vive pas ?

HÉRODE. — Non tu ne vis pas. Tu es blasé de tout comme moi et tu te vautres dans les jouissances vulgaires. Je voudrais m'élever, changer les hommes, changer le monde. Je veux croire à quelque chose. Il me semble d'ailleurs que nous connaîtrons des jours nouveaux. J'ai soif de vérité et de beauté.

PILATE. — Tu deviens poète ?

HÉRODE. — Sans doute. Je cherche, j'aspire.

PILATE. — Je suis européen, moi. Tu es un asiate. Je ne comprends rien à tes passions. En attendant, tu pourrais m'offrir à boire.

HÉRODE. — C'est vrai. J'oublie mes devoirs pour me laisser bercer par mon rêve.

PILATE. — Voyons, raisonne!

HÉRODE. — La raison, la raison, encore une invention romaine.

PILATE. — Tu as tout pour être heureux. Toi et moi commandons en maîtres en Judée. Que désirer de plus ?

HÉRODE. — Je veux désirer. Mes désirs sont des navires d'argent sur les lacs de mes songes.

PILATE. — Tu peux satisfaire tous tes désirs. Veux-tu une esclave circasienne aux seins blancs ? Veux-tu des danses ? Veux-tu les jeux du cirque ?

HÉRODE. — Donne-moi un sommeil paisible et un réveil d'aurore.

PILATE. — Pour te distraire fais la guerre à ton voisin.

HÉRODE. — Les massacres ne m'amusent plus.

PILATE. — Je désespère de t'amuser. *(Il se lève.)* Je m'en vais, je n'ai plus soif.

HÉRODE. — Aie pitié de moi.

PILATE. — Je vais me laver les mains.

HÉRODE. — Tu te laves beaucoup trop les mains.

PILATE *(riant)*. — On n'est jamais assez propre *(il sort)*.

HÉRODE *(seul. Il baille)*. — Que faire ? Je ne puis me complaire dans la compagnie de Pilate; ce débauché me dégoûte ! Je connais d'ailleurs toutes les voluptés... Que désirer ? *(Un silence; Hérode rêve puis semble dormir; à ce moment entre, un Monsieur en habit noir. Il s'avance vers la rampe, salue et parle.)*

SPEAKER. — Mesdames et Messieurs, Hérode cherche une volupté nouvelle. M. Pierre Louys, dans un de ses contes, prétend que la cigarette est une volupté nouvelle. Je vais, avec votre permission, offrir une cigarette à Hérode. *(Il s'approche d'Hérode, s'incline trois fois profondément, lui offre une cigarette. Pantomime. Hérode fume. Le Speaker se retire.)*

HÉRODE. — D'aujourd'hui au vingtième siècle on ne trouvera que cela... Non l'avenir ne sera pas plus amusant que le passé, ou le présent. Cigarette! Fumée! Tout est fumée! Non, cela ne m'amuse pas! *(Mais le speaker est revenu. Il salue et parle:)*

SPEAKER. — Grand Hérode, je vais te montrer les merveilles de l'avenir. Elles vont défiler devant toi...

HÉRODE. — Soit, mais laisse approcher mon fou: cela le concerne surtout! *(Hérode frappe dans les mains; le Fou paraît. Il s'assied aux pieds d'Hérode. La terrasse se transforme en bureau américain. Homme travaillant. Téléphone, T. S. F., dactylos, tout le confort moderne.)*

SPEAKER. — Voilà le Tétrarque de l'avenir.

HÉRODE. — Il n'est pas beau *(musique des dactylos)*.

LE FOU. — Les femmes jouent avec un drôle d'instrument!

HÉRODE. — Il se met à l'oreille un singulier appareil.

SPEAKER. — Téléphone, pour parler à distance.

HÉRODE. — N'a-t-il pas de courrier?

LE FOU. — Et tout cela grince!

SPEAKER. — Téléphone, électricité, T. S. F.

LE FOU. — Ah! Ah! vivent les fous!

HÉRODE. — Assez, assez... et dire que l'on parlera de moi dans ce temps-là!

LE FOU. — Hé! Hé! si l'on a le temps!

HÉRODE. — Le Temps, voilà ce qu'il faut vaincre. *(Le bureau moderne a disparu.)*

SPEAKER. — Voilà pour vaincre le Temps ! *(Une auto passe rapidement. Un avion traverse le ciel.)*

LE FOU. — Des hommes qui volent. Ah ! Ah ! vivent les fous !

HÉRODE. — Ce n'est pas si bête, mais, voyons, cela empêche-t-il l'ennui de vous étreindre ?

SPEAKER. — Non, les hommes de l'avenir sont neurasthéniques.

HÉRODE. — Neurasthéniques ?

SPEAKER. — Oui, ils ont mal aux nerfs. Ils sont tristes, ennuyés.

HÉRODE. — Alors, il n'y a pas de progrès ?

LE FOU. — Un progrès matériel. Mais ces hommes sont plus fous que moi.

SPEAKER. — La vie est toujours la vie. On nait, on vit, on meurt.

HÉRODE. — Oui, oui, laisse-nous, rien ne change, à quoi bon ?

LE FOU. — Oui, laisse-nous. Nous avons des choses sérieuses à faire, à raconter. L'avenir, l'avenir est idiot !

HÉRODE. — Si l'avenir m'échappe...

LE FOU. — Ecoutez, ô mon maître, vous feriez mieux de songer au présent. Ecoutez... votre ami le procurateur romain, Pilate, cajole la reine.

HÉRODE. — Hérodiade, ah ! Je suis las d'elle, que m'importe !

SPEAKER *(revient, salue Hérode, et dit)*. — Tétrarque, j'ai oublié de vous montrer la plus belle invention moderne: le nouvel art, le cinéma ! *(Nuit sur la scène. Eclairs. Film documentaire.)*

LE FOU. — Il fait noir comme dans un four !

HÉRODE. — Ce n'est pas si mal, mais, en voyage, je vois mieux. Tout, là-dedans, est noir et blanc *(Autre film. Scène d'amour.)*

LE FOU. — Des baisers, comme c'est bon !

HÉRODE. — Ce n'est pas nouveau. *(Autre film. Histoire de Salomé).*

LE FOU. — Tétrarque, comme vous êtes beau !

HÉRODE. — Ah non, non ! Ma barbe n'est pas si longue. Et quel Palais ! C'est ainsi que l'on va me représenter à l'avenir ? Horreur ! horreur ! Arrière Avenir ! *(Tout disparaît).*

LE FOU *(à Hérode qui sort effectivement d'un rêve)*. — Mon Seigneur a bien dormi ?

HÉRODE. — Dormi ! J'ai fait un rêve affreux.

LE FOU *(chante).* — « Mais le plus beau des rêves
  C'est le rêve d'amour. »

HÉRODE. — J'ai vu l'avenir.

LE FOU. — Est-il homme ou femme ? Beau ou laid ? Gros ou mince ? Grand ou petit ?

HÉRODE. — Ah ! c'est affreux ! Je suis encore plus triste...

LE FOU. — Distrayons-nous, jouons aux cartes...

HÉRODE. — Mais les cartes ne sont pas encore inventées !...

LE FOU. — Il ne nous reste qu'à dormir...

HÉRODE. — Mourir, rêver, dormir !

LE FOU. — Seriez-vous Shakespeare par hasard ?


DEUXIEME EPISODE.

HÉRODIADE. — Ma fille, asseyez-vous, j'ai à vous parler.

SALOMÉ. — Ma mère, je suis à vos ordres ...

HÉRODIADE. — Ma fille, je trouve, — je vais vous parler sans détour — que vous donnez à la toilette, une grande part de vos soins.

SALOMÉ. — O ma mère, à peine ai-je le temps de me regarder dans mon miroir dix minutes par jour.

HÉRODIADE. — Vous vous oignez de parfums, vous vous mettez du rouge sur les lèvres et votre chambre est remplie d'un nuage de poudre.

SALOMÉ. — O! ma mère, vous exagérez!...

HÉRODIADE. — Et vous vous êtes fait couper les cheveux! C'est une honte!... Vous n'êtes plus femme.

SALOMÉ. — C'est la mode!

HÉRODIADE. — Mode ou non, cela me déplait, et je suis sûre que votre père m'approuvera.

SALOMÉ. — Enfin, ma mère, lorsque vous étiez jeune, n'étiez-vous pas coquette aussi?

HÉRODIADE. — Lorsque j'étais jeune? Voulez-vous insinuer que je suis vieille, petite impertinente?

SALOMÉ. — Voyons, ma mère, voyons, n'êtes-vous pas encore coquette aujourd'hui? Ne mettez-vous pas de rouge?

HÉRODIADE. — Insolente, sortez! Retournez dans vos appartements! Je préviens votre père; vous n'assisterez pas au festin de demain! *(Salomé sort.)*

HÉRODIADE *(seule)*. — Cette fille est mauvaise, insolente, méchante! Et son père ne voit que par ses yeux! Non, il faut que cela cesse! Vite, un peu de rouge: Pilate ne va pas tarder... *(On frappe. Hérodiade va ouvrir. Entre Pilate.)* C'est toi?

PILATE. — Oui, ma chère... ouf! *(Il tombe sur un divan.)* Quelle chaleur dans ta Judée! Qui m'a fait un pays pareil! O les fontaines de Rome...

HÉRODIADE. — Retournes-y, dans ta Rome ! Va retrouver tes femmes pâles et stupides. Tu n'es pas digne d'Hérodiade !

PILATE. — Mais enfin, ma chérie, je ne dis pas cela pour toi: tu sais que je t'aime !

HÉRODIADE. — Attention ! Si Hérode nous voyait...

PILATE. — Hérode ne songe pas à nous. Il est néurasthénique. Il s'ennuie. Il cherche des voluptés nouvelles. Tu me suffis, ma chérie !

HÉRODIADE. — Tous les hommes disent cela. Hérode m'a tant aimée...

PILATE. — Hérode n'était pas un romain !

HÉRODIADE. — Encore tes romains ! Tiens, tu ne t'es pas encore lavé les mains, propre romain, donne libre cours à ta manie...

PILATE (se lavant les mains dans un bassin). — Je me lave les mains !

HÉRODIADE. — Pilate, j'ai à vous parler sérieusement !

PILATE. — Moi aussi !

HÉRODIADE. — Ma fille Salomé...

PILATE. — Devient tous les jours plus belle...

HÉRODIADE. — Me donne de l'inquiétude...

PILATE. — Elle devient trop grande...

HÉRODIADE. — Elle court...

PILATE. — Vers les hommes...

HÉRODIADE. — S'agite ! Ne m'interrompez pas toujours, c'est agaçant !...

PILATE. — Que voulez-vous que je fasse ? Salomé conquiert tous les cœurs...

HÉRODIADE. — Lavez-vous les mains...

PILATE. — Allons, chérie, vous êtes énervée, je me retire !

HÉRODIADE. — Et mon insulteur, le Prophète, l'avez-vous arrêté ?

PILATE. — Non, ma chérie, je ne sais où il se cache !

HÉRODIADE. — Vous vous en lavez les mains ! Allez, mon cher, vous êtes un romain...

PILATE. — Je vous salue, prunelle de mes yeux ! *(Pilate sort.)*

HÉRODIADE *(seule)*. — Les hommes sont tous des imbéciles ! Ah ! me venger d'eux.

*(Entre Hérode.)*

HÉRODE. — Madame soyez satisfaite, je tiens le prophète-insulteur ! Le voici. *(Hérode se retire. Deux gardes jettent Jean garotté par terre.)*

HÉRODIADE. — Enfin, je te tiens, vieux sacripant ! Insulteur des femmes. Sais-tu que je suis Reine ? Ignores-tu que j'ai tous les pouvoirs ?

ST-JEAN. — Dieu seul a tous les pouvoirs !

HÉRODIADE. — Nour allons voir. Je puis me payer ta tête. Il y a des juges qui te condâmneront, si je veux avoir une vengeance légale.

ST-JEAN. — Il n'y a qu'un seul juge, là-haut. Lui seul me jugera.

HÉRODIADE. — Encore ? Tu veux donc mourir ?

ST-JEAN. — Je ne crains pas la mort. Elle me délivrera. Alors commencera ma vraie vie, mon vrai règne et le règne de celui qui viendra après moi et qui sera plus grand que moi.

HÉRODIADE. — Tu crois que je vais te faire mourir sans te faire souffrir ? Tu te traîneras à mes pieds, tu chanteras ma beauté avant que la mort te délivre ! Tu m'aimeras ! Regarde, je suis belle ! Je connais tous les raffinements des supplices ! Tu boiras le philtre d'amour. Tu connaîtras la luxure ! Regarde. *(Hérodia-de enlève ses vêtements.)*

St-Jean. — Arrière, bête immonde ! Arrière, tenta-tion !

Hérodiade. — Tu m'aimeras, puisque tu appelles cela un péché ! Voyons, Jean, je suis belle... *(Elle rit.)* Tu me désireras et je te tuerai, animal !

St-Jean. — Seigneur, soutenez-moi !

Hérodiade. — En attendant, tu iras en cage ! *(Elle remet ses vêtements. Elle frappe dans ses mains et fait signe aux gardes qui viennent d'entrer et qui amènent Jean en prison.)* Adieu, mon petit Jean : nous nous re-trouverons !

## TROISIEME EPISODE.

*(Prison. St-Jean est enfermé dans une cage. Il prie, un gardien veille.)*

Le Gardien *(bâillant).* — Quel ennui, quelle scie de garder un prophète, un fou ! De temps à autre, l'en-tendre crier, soit ! Mais à la longue ! Enfin, parfois il me distrait ! — Alors, Jean, mon vieux, et ton messie, il arrive ?

St-Jean. — Je vous le dis, en vérité, les temps sont proches ! Vous connaîtrez la joie véritable ! Hommes, vous serez sauvés ! Réjouissez-vous ! Ceux qui ont faim seront rassasiés, ceux qui ont soif...

Le Gardien. — Auront à boire ? Mais, mon vieux Jean, c'est le pays de Cocagne que tu chantes là ?

St-Jean. — Bienheureux ceux qui sont tristes, car ils seront joyeux. Bienheureux ceux qui sont malheu-reux...

Le Gardien. — Car ils seront heureux ! Non, non, Jean, tais-toi. Si ton messie ne parle pas mieux que cela...

St-Jean. — Bienheureux les pauvres en esprit...

*(Entre le fou criant et gesticulant.)*

Le Gardien. — Tiens, Irritibus, le fou...

Le Fou. — Plus on est de fous, plus on s'amuse...

Le Gardien. — Nous philosophions...

Le Fou. — Comme tous les imbéciles ! Ceux d'en haut sont plus malins, ils jouissent ! C'est toujours dans les prisons que l'on philosophe.

Le Gardien. — Tu n'es pas si bête que tu en as l'air.

Le Fou. — Bonjour, Jean. *(Il chante.)* « Jean, Jean, Jean, que ta femme est belle, Jean, Jean, Jean, c'est une demoiselle. »

St-Jean. — Pardonnez-leur, Seigneur, ils ne savent ce qu'ils disent...

Le Gardien *(il donne un coup de pied à Jean).* — Tiens, idiot !

St-Jean. — Pardonnez-leur, Seigneur, ils ne savent ce qu'ils font...

Le Fou. — Pardonnez-lui, Seigneur, il est tout-à-fait fou !

St-Jean. — Pardonnez-leur, Seigneur, soutenez-moi, et sauvez-moi, mais que votre volonté soit faite !

Le Gardien. — Viens, j'en ai assez d'écouter ses sottises.

Le Fou. — Apprends qu'il y a parfois des sottises... et des gens que l'on croit fous, qui ne le sont pas du tout !

Le Gardien. — Le plus fou des deux n'est pas celui que l'on pense.

LE FOU *(tapant sur le ventre du gardien)*. — Vieux frère ! *(à St-Jean)* Adieu, mon vieux Jean, tu nous embêtes ! *(Ils sortent en riant. Silence. Jean à genoux prie. Une lueur, Salomé apparaît au-dessous de l'escalier. Eblouissante vision.)*

SALOMÉ *(sans voir St-Jean)*. — Je ne suis jamais descendu dans cette prison. Il fait frais ici, meilleur que sur la terrasse ! Je voudrais être prisonnière ici ! Et danser ici ! Il n'y a personne ! Asseyons-nous. Chantons :

> *Nous n'irons pas au bois*
> *Ici je n'en connais pas*
> *Vive l'ombre proprice*
> *Du grand précipice.*

Quel écho merveilleux ici !

> *« Il était une princesse*
> *et ron et ron petit patapon*
> *Il était une princesse. »*

> *« Elle aimait un beau prince*
> *et ron et ron petit patapon*
> *Elle aimait un beau prince.*

> *Mais la princesse est morte*
> *et ron et ron petit patapon*
> *Mais la princesse est morte.*

> *Et le prince aussi*
> *et ron et ron petit patapon*
> *Et le prince aussi.*

> « *Avant le mariage*
> *et ron et ron petit patapon*
> *Avant le mariage.*

Ils s'aimaient... Je ne connais rien, ni l'amour, ni la joie! Ah! pauvre moi...

St-Jean. — Salomé.

Salomé. — Qui m'appelle?

St-Jean. — Un homme! Moi, Jean le Prophète!

Salomé *(reculant d'effroi, montrant Jean du doigt).* — Alors, c'est ça, l'homme?

St-Jean. — Enfant, laisse-moi t'enseigner le bien?

Salomé. — Comme tu es laid!

St-Jean. — Il n'y a que la beauté morale qui compte...

Salomé. — Qu'est-ce donc cela, la beauté morale?

St-Jean. — Je t'apprendrai tout cela, et je t'enseignerai aussi l'amour.

Salomé. — L'Amour?

St-Jean. — Oui, l'amour de Dieu.

Salomé. — De quel Dieu veux-tu parler?

St-Jean. — De Jéhovah!

Salomé. — Je ne suis pas juive. (Quel drôle de bonhomme!)

St-Jean. — Je veux t'arracher à ta mère, la prostituée...

Salomé. — Prostituée, ma mère? Tu insultes la reine. Attention, vieux méchant!

St-Jean. — Salomé, écoute-moi, je veux te sauver, je t'aime...

Salomé *(riant).* — Ah! le vieux fou, il m'aime: tu m'insultes! *(Elle frappe du pied.)* Je suis princesse!

ST-JEAN. — Tu es belle, mais ta beauté ne durera pas...

SALOMÉ. — Vas-tu te taire, vilain homme !

ST-JEAN. — Tu pourriras, et l'enfer te prendra !

SALOMÉ *(pleurant)*. — Ah ! le vilain méchant ! Tais-toi !

ST-JEAN. — Ta mère et toi vous mourrez dans les tourments les plus infâmes...

SALOMÉ *(pleurant)*. Tais-toi, vilain ! *(Hérodiade entre.)*

HÉRODIADE. — Ah ! c'est ici que tu es, petite effrontée ! Veux-tu remonter bien vite !

SALOMÉ. — Je ne savais pas...

HÉRODIADE. — Vite, dans ta chambre ! *(Salomé sort en courant et en pleurant.)* *(à Jean)* Tu veux séduire ma fille maintenant ? C'est moi que tu dois séduire, si tu veux ta liberté ! Allons, Jean, dis-moi que je suis belle...

ST-JEAN. — Bête de l'Apocalypse !

HÉRODIADE. — Tu continues à m'insulter ? Bien, tu t'en repentiras !

ST-JEAN. — Dieu seul est grand.

## QUATRIEME EPISODE.

*Le festin d'Hérode. Vaste salle. Tables. Convives. Chants. Musique.*

PIQUE ASSIETTE. — De la sauce, encore de la sauce !

SÈCHE VERRE. — A boire ! A boire !...

HÉRODE. — Mes amis amusez-vous ! La vie n'est pas si drôle !

PILATE. — Buvons ! Mangeons ! Vive la joie ! *(à Hérodiade)* à votre santé.

HÉRODIADE. — Les hommes sont tous les mêmes.

HÉRODE. — Pourquoi Salomé n'est-elle pas ici ?

HÉRODIADE. — Vous savez qu'elle est insupportable. Je l'ai surprise dans la prison de Jean. Et depuis, elle m'observe avec crainte. Que croit-elle ?

DES VOIX. — Vive Salomé ! A la santé de notre belle princesse !

HÉRODE. — Tu vois : on aime Salomé ; pourquoi la cacher ?

PIQUE ASSIETTE. — Je n'ai jamais si bien mangé.

SÈCHE VERRE. — J'ai bu avec énormément de plaisir...

PIQUE ASSIETTE. — Mangeons encore !

SÈCHE VERRE. — Buvons encore !

HÉRODE. — Que n'ai-je aussi du plaisir à manger et à boire ?

HÉRODIADE. — Ces plaisirs grossiers ne sont pas pour les rois...

DES VOIX. — Salomé ! Salomé !

HÉRODE. — Que Salomé vienne dans la salle du festin ! *(Des gardes vont chercher Salomé. Elle arrive saluée d'une large acclamation).*

DES VOIX. — Vive Salomé ! Bravo ! Vive notre princesse ! *(Salomé sourit et s'assied à la gauche de son père).*

HÉRODIADE. — C'est cela, oubliez mon autorité ; donnez raison à cette gamine !

HÉRODE. — Allons, pas d'histoire *(entre le speaker).*

SPEAKER. — Tétrarque, Majesté, Mesdames, messieurs. Vous allez entendre la musique du vingtième siècle : « Le Jazz band » *(un haut parleur joue un « Charleston ». Les convives s'esclaffent.)*

Une voix. — Mais c'est la musique des barbares du Sud ?

Autre voix. — Merci, assez !

Pique assiette. — J'aime mieux manger !

Sèche verre. — Et moi boire !

Hérode. — Cela ne m'amuse pas !

Salomé. — Ce n'est pas si mal !

Hérodiade. — Allons, toujours vulgaire ! Tiens-toi bien !

Hérode. — Si quelqu'un dansait ? Speaker, laisse-nous tranquille avec l'avenir. Je veux vivre dans le présent !

Pilate. — Il a raison.

Speaker. — Oui, mais l'avenir doit vous juger, cela, malgré vous !

Hérode. — Qu'importe ! Retire-toi ! Allons, vous autres ! Amusez-vous ! Amusons-nous !

Sèche verre. — Si Hérodiade dansait ?

Pique assiette. — Oui, oui Hérodiade ! !

Hérodiade (minaudant). — O non, je ne puis, merci, c'est impossible... Enfin...

Hérode. — Et bien, Salomé va danser !

Hérodiade. — Quoi, mais elle ne sait pas ? Elle apprend seulement...

Tous (sur l'air des lampions). — Salomé, Salomé, Salomé !

Salomé. — Non, non, je ne danse pas, na !

Tous. — Salomé, Salomé !

Hérodiade. — Voyons, Salomé, tu seras privée de dessert !

Salomé. — Je ne sais pas danser !

Hérodiade. — Et moi qui depuis deux ans lui fais donner des leçons !

PIQUE ASSIETTE. — Allons, vas-y, Salomé !

HÉRODE. — Salomé, si tu danses, tu auras ce que tu voudras...

TOUS. — Salomé, Salomé, Salomé !

PILATE. — Salomé, voyons... ?

SALOMÉ. — Allons, je dois y passer, mais que le Speaker fasse jouer un jazz !

HÉRODE. — Quelle idée, mais soit ! *(Il frappe dans ses mains, le speaker apparaît, s'incline. Un jazz invisible joue. Salomé danse).* Superbe ! Merveilleux ! Salomé, tu me fais aimer la vie...

HÉRODIADE. — Elle danse mal ! C'est horrible ! Des faux pas...

HÉRODE. — Bravo ! Très bien ! O ! Elle danse sur ses mains maintenant ! Très bien ! C'est magnifique !

PILATE. — Bravo !

TOUS. — Bravo ! Salomé ! Epatant ! Superbe ! Bis ! Bis... !

HÉRODIADE. — Vas-tu cesser, petite indécente ? Qui lui a appris des choses pareilles ? Viens ici !

*(Tumulte. Hérodiade veut empêcher Salomé de continuer sa danse. Hérode applaudit et lui fait signe de continuer.)*

TOUS. — Laissez-là ! Continue ! Très bien !

PIQUE ASSIETTE. — Je n'ai plus faim...

SÈCHE VERRE. — Je n'ai plus soif...

*(Salomé a fini sa danse. Elle est félicitée, acclamée. Hérodiade seule est furieuse.)*

PILATE. — C'est plus fort qu'à Rome !

HÉRODE. — Que veux-tu pour ta récompense ?

HÉRODIADE. — Elle ne mérite pas de récompense !

TOUS. — Que veux-tu Salomé ? Parle !

SALOMÉ. — Je veux la tête de Jean, le prophète, sur un plateau d'argent !

HÉRODE. — Quoi ?

HÉRODIADE. — Elle est folle ! Jean est mon prisonnier !

TOUS. — Ah ! drôle d'idée ! Pourquoi ?... Soit ! Hérode a promis !

HÉRODE — J'ai promis ! (*Un signe. Un silence. Hérodiade se trouve mal. Salomé est pâle. Marche funèbre. Puis chacun retrouve ses esprits*).

SPEAKER (*entre, salue et dit*). — Hérode, tu es immortel ! Salomé, tu resteras légendaire. Hérodiade, tu seras célèbre !

PILATE. — Et moi ?

SPEAKER. — Toi aussi, mais tu ne t'es pas encore assez lavé les mains !

HÉRODE. — Comme tout cela est ennuyant ?

SPEAKER. — Quoi, vous avez la gloire que tous les hommes recherchent ?

HÉRODE. — Tout cela, pour une tête coupée ! Mais j'ai déjà fait tomber des centaines de têtes dans ma vie, et, sans doute j'en ferai tomber encore !

SPEAKER. — Celle-ci est importante !

HÉRODE. — Je ne comprends pas ?

SPEAKER. — Il ne faut pas chercher à comprendre l'avenir, ni les jugements de l'avenir ! Quant à la Gloire, elle vient au moment où l'on s'y attend le moins !

HÉRODE. — Tant pis !

PILATE. — Dites-moi, j'aurai au moins un plus beau rôle ! Je veux faire meilleure figure qu'Hérode dans l'Histoire !

Speaker. — Tu te laveras les mains pendant l'éternité !

Le fou. — Vous voyez qu'il faut faire attention à ce que l'on fait dans le présent sinon crac... Le Speaker prend un cliché pour l'avenir !

CHARLES CONRARDY.

❖ ❖ ❖ ❖ ❖ ❖